나는 일리야 카민스키의 번역된 시어들 틈새로 건조하고 차가운 핏빛 바람이 부는 것을 느꼈다. 국가 폭력 내지 전시체제로 해석되는 폭력의 야비함을 보았고, 그에 의해 사랑을 잃은 이의 뚫린 심장과 바들거리는 몸짓을 보았다. 공동체 편에 선 공동체를 보았다. 연극적으로 배치된 요소들은 우스꽝스럽고, 비참하고, 단호하며, 숭고하다. 이 숭고함이 주제는 아니다. 그래서 다행이다. 우리의 현실은 일리야 카민스키의 시적 광장이 서늘하게 각인해 내듯이 예기치 못한 반목과 역설로 가득 차 있으니까.

　　일리야 카민스키는 흐르는 시간을 잡아채어 끊이지 않을 폭력과 저항과 연루됨의 광장을 그 속에 기입해 낸다. 시적 장면들은 마술처럼 단번에 초점화되고, 비통함이 떠밀어다 놓은 진술들은 간결하다. 나는 지금까지 이 같은 비통의 강렬한 시적 형식을 본 적이 없다. 다시 전쟁과 학살의 시대다. 지금은 이 비통함에 연루될 차례다.

　　―윤은성(시인)

일리야 카민스키 Ilya Kaminsky

1977년 우크라이나 오데사에서 태어났으며, 1993년 가족이 미국 정부로부터 난민 지위를 부여받아 미국으로 이주했다. 샌프란시스코 법률지원센터와 미국 이민법센터에서 법률 보조원으로 근무하며 이민자와 빈곤층을 지원한 이력이 있다. 조지아공대, 프린스턴대 등에서 시 창작을 가르쳐 왔으며 미국 및 해외에서 시 낭송을 후원하는 단체 '평화로 향하는 시인들 Poets for Peace'를 공동 설립했다.

《오데사에서 춤추기 Dancing in Odessa》《무지카 후마나 Musica Humana》등의 시집을 출간했다. 대표작인 《듣지 않는 자들의 공화국 Deaf Republic》은 2019년 전미도서상 최종 후보에 올랐으며 《로스앤젤레스 타임스》북어워드, 애니스필드-울프 북어워드 등을 수상했다. 또한 그는 구겐하임 펠로십, 미국 시인아카데미 펠로십에 선정되었으며 미국 전미도서비평가협회상, 노이슈타트 국제문학상, T.S.엘리엇상의 후보에 올랐다. 2019년 BBC가 선정한 '세계를 바꾼 12명의 예술가' 중 한 명이며 2023년 미국예술문학아카데미 회원으로 선출됐다.

옮긴이. 박종주

안팎과 박종주, 두 개의 이름을 쓴다. 주로 장애와 퀴어에 초점을 두고 예술이나 정치에 관한 글을 쓰거나 옮긴다. 《제로의 책》등에 글을 실었고, 《피메일스》, 《게임, 사랑, 정치》등을 한국어로 번역했다.

듣지 않는 자들의
공화국
DEAF
REPUBLIC
일리야
카민스키
지음
ILYA
KAMINSKY
박종주
옮김

DEAF REPUBLIC

Copyright © 2019 Ilya Kaminsky
First published in 2019 by Graywolf Press
All rights reserved.

Interior illustrations © Jennifer Whitten

This Korean edition was published by Gamang Narrative in 2025 by arrangement with Wylie Agency, UK through Bestun Korea Agency, Seoul. Korean copyright © 2025 Gamang Narrative

이 책의 한국어판 저작권은 베스툰코리아를 통해 저작권자와 독점 계약한 가망서사에 있습니다. 저작권법에 의해 한국 내에서 보호받는 저작물이므로 무단 전재와 복제를 할 수 없습니다.

엘라 카민스키, 빅터 카민스키를 추억하며

케이티 패리스에게

차례

우리는 전쟁 통에도 행복하게 살았네   9

듣지 않는 자들의 공화국   11

등장인물   13

제1막: 마을 사람들이 소냐와 알폰소 이야기를 한다

총성   17
행군이 시작되고 알폰소는 신문지로 소년의 얼굴을 덮는다   18
눈 속의 알폰소   19
듣지 않는 봉기가 시작된다   20
알폰소는 답하려 한다   21
뼈와 찢긴 판막들의 지도   22
마을 사람들이 소년의 몸을 에워싸다   23
전쟁이 나기 전의 결혼식에 관하여   24
아직 신혼   25
군인들이 우리를 겨누다   26
검문소   28
전쟁 전에 우리는 아이를 만들었지   29
군인들이 계단참에 들이닥칠 때   30
새벽 네 시 폭격   31
도착   32
자장가   33
질문   34
아이가 자는 사이 소냐는 옷을 벗는다   35
담배   36
쿵쿵대는 개   37
우리가 듣지 못하는 것   38
중앙 광장   39

아내 잃은 남편   40

아내를 위해   41

나, 이 몸뚱이   42

그녀의 드레스   43

비가悲歌   44

파란 양철 지붕 위의 농聾   45

도시가 단두대처럼 전율하며 목덜미로 떨어지다   46

하늘 밝은 끝동에서   47

산다는 것은   48

그들이 알폰소를 데려가는 모습을 마을 사람들이 보고 있다   49

멀어지는   50

추도사   51

질문   52

고집에 숨을 살짝 불어넣어 만든 이야기   53

제2막: 마을 사람들이 마마 갈랴 이야기를 한다

마을 사람들이 초록 자전거를 타는 갈랴 이야기를 한다   57

마마 갈랴가 처음으로 저항한 날   58

빨래 더미   59

어떤 날들   60

갈랴는 속삭이고 아누슈카는 코를 비빈다   61

갈랴네 인형술사들   62

폭격 속에서, 갈랴는   63

소복소복   64

갈랴의 건배   65

심야 공연   66

그리고 인형술사들이 체포되는 동안   67

군인들은 멍청해 보이고 싶지 않다   68

수색병   69

자장가   70

총살대   71

질문   72

아직, 내가 있다   73

재판   74

바셴카 남자들에게 쫓기며 75
익명 76
그런데도 어떤 밤에는 77

평화의 시절에 81

주석 83
감사의 말 85

역자의 말 87
출간 배경 91

일러두기

책 제목의 "듣지 않는 자"는 deaf를 옮긴 것이다. 기본적으로는 귀가 들리지 않는다는 뜻인 이 단어의 역어로 '듣지 않다'와 '들리지 않다' 두 가지를 모두 썼고 명사형 deafness의 경우에는 농聾으로 번역하기도 했다. 이에 대해서는 역자의 말에 조금 더 설명해 두었다.

우리는 전쟁 통에도 행복하게 살았네

그러다 그들이 다른 사람들의 집에 폭탄을 떨어뜨리면 우리는

시위를 했지
하지만 그걸론 모자랐네, 우리는 맞섰지만

모자랐네. 나는
침대 속에, 침대맡에서 미국이

쓰러졌다네, 보이지 않는 집과 보이지 않는 집과 보이지 않는 집이 줄지어 —

의자를 들고나와 태양을 쐬었다.

어느덧 여섯 달째,
재앙이 군림하는 돈의 집에서

돈의 거리에서 돈의 도시에서 돈의 나라에서
우리 위대한 돈의 나라에서 우리는 (우리를 용서하소서)

전쟁 통에도 행복하게 살았네.

듣지 않는 자들의 공화국

등장인물

바센카 마을 사람들	코러스. 이야기를 전하는 "우리"이며, 발코니에서 빨랫줄을 어루만지는 바람이기도 하다.
알폰소 바라빈스키	인형술사. 소냐의 새신랑. 제1막의 "나".
소냐 바라빈스키	바센카에서 제일가는 인형술사. 알폰소의 새신부. 아이를 뱄다.
아이	소냐의 뱃속에서 자고 있다. 해마만하다. 나중에 아누슈카가 된다.
페탸	농인 소년. 소냐의 사촌.
마마 갈랴 아르몰린스카야	인형극장 주인. 반란을 부추긴다. 제2막의 "나".
갈랴네 인형술사들	극장 발코니에서 교통정리를 하는 척하며 수어를 가르친다. 　군인: 손가락을 부리 모양으로 구부려 　　한쪽 눈을 쪼듯이 움직인다. 　밀고자: 두 손가락으로 양쪽 눈을 쫀다. 　군용 지프: 주먹을 꽉 쥐고 앞으로 내민다.
군인들	"우리의 자유를 지키기" 위해 바센카에 왔다, 아무도 이해하지 못하는 언어를 쓴다.
꼭두각시들	잡혀간 사람들의 집 현관에 걸려 있다. 하나만 도로에 누워 있는데, 입에 눈雪을 가득 문 채로 아이를 마치 부러진 팔처럼 포대기로 싸안은 중년 여성이다.

제1막
마을 사람들이 소냐와 알폰소 이야기를 한다

마을

총성

우리 나라는 무대다.

군대가 마을에 들어오면서 집회는 공식적으로 금지되었다. 그러나 오늘 중앙 광장엔 소냐와 알폰소의 인형극 피아노 소리에 끌린 사람들이 모여들었다. 누구는 나무를 타고 올랐고 누구는 벤치와 전신주 뒤에 숨는다.

소리가 들리지 않는 페탸가 첫 줄에서 재채기하자, 하사 꼭두각시가 비명을 내지르며 쓰러진다. 다시 일어서서는 씩씩거리며 웃어대는 관객들 쪽으로 주먹을 휘두른다.

군용 지프 한 대가 광장으로 꺾어 들어오더니 그네들의 하사가 내린다.

해산!

해산! 인형이 걸걸한 가성으로 흉내 낸다.

전부 얼어붙었다, 페탸만 빼고. 혼자 계속 낄낄거린다. 누가 손으로 그 소년의 입을 틀어막는다. 하사가 돌아서서 삿대질을 한다.

너!

너! 꼭두각시가 삿대질을 한다.

소냐가 자기 꼭두각시를 본다. 꼭두각시가 하사를 본다. 하사가 소냐와 알폰소를 본다. 우리는 페탸를 본다 — 몸을 뒤로 젖히고, 목구멍께에 침을 그러모아, 하사를 향해 퉤 날리는 페탸를.

우리에겐 들리지 않는 소리가, 물가의 갈매기들을 쫓는다.

행군이 시작되고 알폰소는 신문지로 소년의 얼굴을 덮는다

열네 명의 사람들, 대개는 모르는 사이인 우리,
페타 곁에 무너진 소냐를 보고 있다.

한길에서 총을 맞은 소년의
동전닢처럼 빛나는 안경을 주워 콧잔등에 반듯이 얹어주는 그녀를.

이 순간을 주목하라
— 그 바들거림을 —

눈은 내리고 개들은 위생병처럼 거리를 달리고.

우리 열네 명이 보고 있다.
소년의 이마에 입 맞추는 소냐 — 절규는 깊이

하늘에 구멍을 내고, 어슴푸레한 공원 벤치들, 현관 불빛들.
우리는 본다 소냐의 벌어진 입속으로

적나라하게 드러난
국가의 나신.

그녀는 길게 뻗어
거리 한가운데 잠든 눈사람 옆에 눕고.

배를 감싸안으며 나라가 달린다.

눈 속의 알폰소

너는 살아 있다, 나는 혼자 뇌까린다, 그러니 네 속의 무언가가 듣는다.

무언가가 거리를 내달린다, 넘어진다, 일어서지 못한다.
두 다리로 두 손으로 달리고 그리고 또 앞에는
임신한 아내 그리고 또 바센카 거리를 따라 나는 달려 잠시
그리고 또 지나면 인간이 될 것.

듣지 않는 봉기가 시작된다

이튿날 아침 깨어난 우리 나라, 군인들의 소리를 듣지 않기로 한다.

페탸의 이름으로 우리는 거부한다.

오전 여섯 시, 군인들은 골목길에서 소녀들에게 알랑대지만 소녀들은 제 귀를 가리키며 지나친다. 여덟 시, 빵집이 군인 이바노프의 면전에서 셔터를 내린다. 그가 최고의 단골 손님인데도. 열 시, 마마 갈랴가 막사 정문에 분필로 쓴다. **너희 말은 아무한테도 안 들려.**

열한 시가 되고, 체포가 시작된다.

우리의 귀는 약해지지 않는다. 다만 우리 속 소리 없는 무언가가 강해진다.

통금 시간이 되고, 잡혀간 이들의 집에서는 꼭두각시를 만들어 창에 건다. 텅 빈 거리에는 오직, 끈이 뻑뻑대는 소리, 나무 손발이 탁 탁 벽에 부딪는 소리.

마을의 귓속에 눈송이, 내려앉는다.

마을

여러분, 여러분은 정말로 젠장 맞게 훌륭했습니다,
처음 체포가 시작된 날 아침에.

우리네 남자들, 처음에는 겁을 먹고 침대에서 나오지 못했지만, 이제는 깃대처럼 우뚝 섰습니다 —
들리지 않는다는 것이 경찰의 호각처럼 우리를 통과해 지나갑니다.

이제 여기서 저
증언합니다.

우리 한 사람 한 사람은
집에 와 소리 지릅니다, 벽에다, 난로에다, 냉장고에다, 자기 자신에게다. 용서하십시오, 저

당신에게 솔직하지 못했습니다
삶이여 —

당신에게 저, 답하려 합니다.
두 다리로 두 손으로 그리고 또 달리고 그리고 또 바센카 거리를 따라 그리고 또

누구든 제 말에 귀 기울이는 이여,
제 혀에 깃털을 얹어주어 고맙습니다.

우리의 논쟁이 끝나가는 것이, 들리지 않는다는 것이, 고맙습니다.
주여, 불길이

당신이 그은 적 없는 성냥에서 솟은 이런 불길이 활활.

뼈와 찢긴 판막들의 지도

나는 보았다, 총을 겨눈 하사를, 입에 쇳덩이와 불을 문 귀먹은 소년을 —
아스팔트 위에 쓰러진 그의 얼굴을
그 뼈와 찢긴 판막들의 지도를.
저 위. 저 위의 무언가가 우리에게 너무 많은 것을 요구한다.
땅은 말이 없다.
보초병들은 오이 샌드위치를 먹는다.
첫째 날
군인들은 바텐더들, 회계사들의 귀를 검사한다, 그리고 병사들의 귀를 —
침묵이 병사들에게 저지르는 사악한 짓들을.
그들은 버스에서 문짝을 뜯어내듯 고라의 아내를 침대에서 끌어낸다.
이 순간을 보라
— 그 바들거림을 —
소년의 몸뚱이는 클립처럼 아스팔트 위에 누웠다.
소년의 몸뚱이는 아스팔트 위에 누웠다
소년의 몸뚱이처럼.
나는 벽을 만지고 집의 맥박을 느끼고 나는
말없이 위를 쳐다보고 내가 왜 살아 있는지를 알지 못하고.
우리는 이 도시를 살금살금 걷는다,
소냐와 나는,
극장들과 정원들과 연철 대문들 사이를 —
용기를 내라, 우리는 말하지만 아무도
용기가 없다, 우리에겐 들리지 않는 소리가
물가의 새들을 쫓는데.

마을 사람들이 소년의 몸을 에워싸다

죽은 소년의 몸은 여전히 광장에 누워 있다.

소냐는 길바닥에 누워 소년을 끌어안는다. 그녀의 속에는 ― 그녀의 아이가 자고 있다. 마마 갈랴가 소냐에게 베개를 가져다준다. 휠체어 탄 남자가 우유를 한 통 가져다준다.

알폰소는 눈 속에 누운 그들 곁에 눕는다. 한 팔로는 그녀의 배를 감싼다. 한 손은 땅에 댄다. 차들이 멈추는 소리 문들이 닫히는 소리 개들이 짖는 소리가 들린다. 땅에서 손을 떼면, 아무것도 들리지 않는다.

그들 뒤로, 인형 하나가 길바닥에 누워 있다, 입에는 눈이 가득하다.

40분이 지나, 아침이다. 군인들이 광장으로 돌아온다.

마을 사람들은 팔짱을 끼고 둥글게 서고 그 앞에 또 둥글게 서고 그 앞에 또 둥글게 서고 그 앞에 또 둥글게 서서 소년의 몸을 지킨다.

우리는 지켜본다 소냐가 일어선다 (뱃속의 아기가 다리를 뻗는다). 누군가 팻말을 건네자, 그녀가 높이 머리 위로 들어 올린다. **이 사람들은 귀가 들리지 않습니다.**

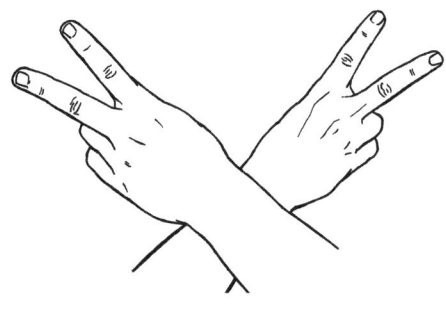

온 마을이 보고 있다

전쟁이 나기 전의 결혼식에 관하여

그래, 나는 네게 우리 둘이 다 들어가고도 남을 만큼 큰 웨딩드레스를 사주었고
집에 가는 택시에서
동전 한 닢을 사이에 두고 입 맞추었어

주인아주머니도 알았을까
이불보에 남은 작은 얼룩 —
천사들이라면 더 깔끔하게 할 수도 있겠지

하지만 굳이 뭘. 아직도 입을 수 있어
네 속옷, 내 엉덩이가
너보다 더 작으니까!

너는 내 뺨을 다독이고,
활짝 웃으며 —
너는 복권에 당첨돼서 병원비로나 다 써버려라!

너는 그 어떤 여자보다도 한 치는 더 아름다워 —
나는 시인은 못 돼, 소냐,
네 머리칼 속에 살고 싶어.

너는 내 등에 올라타고, 나는
욕실로 달려가고,
그리고 맞아, 젖은 바닥에 미끄러졌지 —

물 맞으며 반짝이는 너를 보았어
네 두 손으로 감싸 쥔
너의 가슴 —

두 번의 작은 폭발.

아직 신혼

네가 욕실에서 걸어 나오고 온 세상이 고요해져 —

레몬 달걀 샴푸 한 방울,
네게선 꿀벌 냄새가 나,

짧은 입맞춤,
너에 관한 아무것도 나는 몰라 — 네 어깨에 점점이 박힌 주근깨밖엔!

그걸 생각하면 사무치게

외로워져.
잠옷 바람으로 세상에 선 내게서

비죽 비어져 나온 페니스 —
몇 년째

너를 향해 있어.

군인들이 우리를 겨누다

그들의 총이 불을 뿜는다
탐조등의 콧구멍 속에서 우왕좌왕하는 여자들을 향해

— 신께서 사진을 남겨두시기를 —

환히 밝힌 광장에서, 군인들이 페탸의 몸을 질질 끈다 페탸의 머리가
계단을 쿵쿵 찧는다. 내게는

만져진다 아내의 셔츠 아래 우리
아이의 모양이.

군인들이 페탸를 끌고 계단을 오르고, 철학자처럼 앙상한 떠돌이 개들은
모르는 것 없어서 짖고 또 짖는다.

나는 이제 다리 위, 어떤 말로도 위장하지 못한 몸뚱이
임신한 내 아내의 몸을 둘둘 감싸안은 몸뚱이 —

오늘 밤
우리 죽지 않아 죽지 않아,

땅은 말이 없다,
헬리콥터 한 대가 아내 향해 눈 부릅뜨고 —

땅에선
하늘 향해 손가락 세울 도리가 없지

한 사람 한 사람이 이미
하늘 향해 세운 가운뎃손가락이니까.

호송대

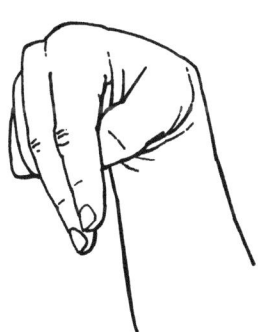

숨으라

검문소

거리에서는 군인들이 청력 검문소를 설치하고 전봇대마다 집집마다 포고문을 걸고 있다.

**귀가 안 들리는 병은 전염됨. 각자의 안전을 위해 오염 지역에 있는
모든 사람은 필히 24시간 내에 자수하고 격리소에 입소할 것!**

소냐와 알폰소는 중앙 광장에서 수어를 가르친다. 경비병이 지나가면 손을 깔고 앉는다. 우리는 하사가 장을 보러 가는 여자를 불러 세우는 것을 본다. 하지만 그녀는 듣지 못한다. 그가 그녀를 트럭에 태운다. 다른 사람도 세운다. 그녀는 듣지 않는다. 그가 그녀를 트럭에 태운다. 세 번째 사람은 자기 귀를 가리킨다.

이 거리에서는, 들리지 않는 귀만이 우리의 바리케이드.

전쟁 전에 우리는 아이를 만들었지

온 동네 애태우던
주근깨를 가진
그녀에게 입 맞추었지.

어깨에 점 하나
훈장처럼
자랑하던 그녀.

그녀의 입술이 떨리는 건
침대로 가자, 라는 뜻.
폭포처럼 쏟아지는 머리칼이

대화를 끊으면 그건
침대로 가자.
나는 상념의 이발소를 서성였지.

그래, 의자에 앉은 그녀를 내 털 난 두 팔로
훔쳐다 침대로 —
그런데 살짝 벌린 입술은

내 벌린 입술을 물어줘, 라는 뜻.
시원한 이불
함께 덮고. 소냐!

우리가 한 일들.

군인들이 계단참에 들이닥칠 때

군인들이 계단을 쿵쿵 오르면 —
아내는
칠한 손톱으로 긁고

또 긁어
허벅지 피부가 벗겨지고, 내게도 느껴지는
그 아래 단단한 뼈.

마음을 다잡게 하네.

새벽 네 시 폭격

내 몸은 아를레모비스크 거리를 달리고 내 옷은 베갯잇 속에.
사람을 찾아요 나랑 꼭
닮은 사람을, 나의 소냐, 나의 이름, 나의 셔츠를 넘겨주려고 —
시작됐어요, 사람들이 트램에 올라 숨어요
어시장에서, 그들의 모든
순간이 반으로 갈라져요. 트램이 태양 속 창자처럼 터져요 —

파벨이 외친다, 내가 씨발 너무 아름다워서 못 견디겠어!
아직 토마토 샌드위치를 놓지 않은 사내아이 둘이
트램 불빛에 뛰어오르고, 군인들은 그들 얼굴에 총을 겨눠요. 바로 귓가에.
아내를 못 찾겠어요, 아이를 밴 내 아내 어디에 있나요?
나, 몸뚱이, 다 큰 남자, 곧
수류탄처럼 터질 참.

시작됐어요, 내 나라의 푸른 카나리아가 보여요
사람들의 눈에서 빵 부스러기를 쪼아 먹는 —
내 이웃들의 머리칼에서 빵 부스러기를 쪼아 먹는 —
눈雪은 땅에서 솟구쳐 위로 내려요, 당연히 그럴 테죠 —
그토록 중요한, 나라를 갖기 위해서라면 —
달려들어요 담벼락에, 가로등에, 사랑하는 이에게, 당연히 그래야 할 테죠 —
내 나라의 푸른 카나리아가
달려들어요 담벼락에, 가로등에, 사랑하는 이에게 —
내 나라의 푸른 카나리아가
달리고 넘어지는 그들의 다리를 바라보고 있어요.

도착

겨우 2.7킬로그램, 자그마한 딸, 너는 정오에 온다. 소냐는 너를 피아노에 올려놓고서 아무도 듣지 않는 자장가를 연주한다. 아기방은 물에 젖은 성냥 같은 고요만이 쌕쌕.

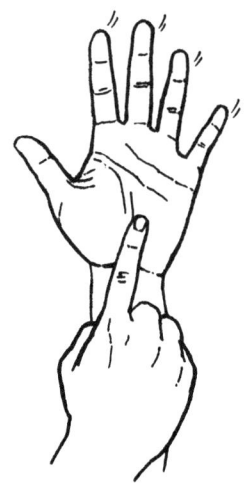

성냥

자장가

작은 아기
빗소리

눈과 나뭇가지 너를 지키네
새하얀 벽도

이웃들의 손길도
내 사월의 아가야

2.7킬로그램
작은 세상

내 하얀 머리칼
네 머리맡 등불이 되네

질문

아이란 무엇인가?
두 번의 폭격 사이 고요.

아이가 자는 사이 소냐는 옷을 벗는다

나를 씻겨주던 그녀에게
비눗물을 찍.
바보, 그녀가 웃는다.

남자라면 자기 나라보다 좋은 냄새가 나야지 —
이런 침묵
으로 침묵을 깨는 여자는 안다

침묵이 우리를 말하게 한단 걸.
그녀가 내 신발을,
안경을 공중으로 던진다.

나는 듣지 않는 사람들의 일족
내게 나라는 오직
욕조와 갓난아기와 신혼 침대뿐!

같이 비누를 칠하는 것이
우리에겐 신성한 일.
서로의 어깨를 씻기는 것이.

섹스는 할 수 있지
아무랑이나 — 하지만 또 누구랑 같이
목욕을 하겠어?

담배

보십시오 ─
바센카 시민들은 자신들이 행복의 증거임을 모릅니다.

전쟁의 시절에,
그들 모두가 찢겨나간 웃음의 페이지라는 걸.

보십시오, 신이여 ─
귀먹은 자들이 말할 것이 있습니다
자신들은 들을 수조차 없는 것에 관해.

폭격당한 이 도시 중앙 광장 지붕에 오르면 보일 것입니다 ─
누군가 훔치는 담배 한 개비.
또 누군가 개에게 건네는
햇살 담긴 맥주 한 잔.

제가 보일 것입니다, 신이여,
말 못 하는 비둘기 부리같이 저는
쪼아대고
있을 터, 깜짝 놀라 사방으로.

쿵쿵대는 개

아침.
폭탄이 떨어진 거리에서 바람이 벽보 속 어느 정치가의 입술을 움직인다. 안에서는 소냐가 아누슈카라고 이름 붙인 아이가 젖을 빤다. 잠에서 깬 알폰소가 아내의 젖꼭지를 간질이며 진주 같은 젖을 입술에 묻힌다.

저녁.
알폰소가 빵을 찾아 테드나 거리에 들어서자 바람이 그의 몸에 부서진다. 지프 넉 대가 길가에 선다. 한 대가 소냐를 훔쳐 싣고 아누슈카는 울어대고 호송대는 요란스레 멀어진다. 이웃들은 커튼 뒤에 숨어 엿본다. 적막이 개같이 우리 사이 유리창을 쿵쿵댄다.

커튼

우리가 듣지 못하는 것

그들이 소냐를 군용 지프에 쑤셔 넣는다
어느 아침, 어느 아침, 오월의 어느 아침, 은화처럼 빛나는 아침 —

그들은 그녀를 쑤셔 넣고
이리저리 꺾고 돌며 가는 그녀는 침묵 속

그것은 영혼의 소음.
소냐는 언젠가 이렇게 말했다, 끌려가게 될 날, 나는 피아노를 치고 있을 거야.

우리는 본다 네 남자가
그녀를 쑤셔 넣는 것을 —

오래된 피아노 수백 대가 다리를 이루는 것도 본 듯하다
아를레모비스크에서 테드나 거리까지, 그리고 그녀는

피아노 하나하나에서 기다리고 —
그녀에게 남은 것은

꼭두각시 하나
손가락으로 말하는 꼭두각시 하나,

꼭두각시에게 남은 것은 이 여자, 그녀에게
남은 것은 (그들이 당신을 데려갔어, 소냐) — 우리는 듣지 못하는 그것은 — 더없이 선명한 목소리.

중앙 광장

끌려간 이들은 두 팔을 높이 들고 걸어야 했다. 마치 땅을 떠나 날아오를 참인 양, 그래서 바람을 살피는 중인 양.

한 번 보는 데 사과 한 알, 군인들은 발가벗긴 소녀를 **군대는 당신의 자유를 위해 싸우고 있다** 벽보 밑에 세운다. 그녀의 콧구멍 속에서 눈발이 소용돌이친다. 군인들은 붉은 색연필로 그녀의 눈가에 동그라미를 그린다. 젊은 병사 하나가 동그라미를 겨눈다. 퉤. 다음 사람이 겨눈다. 퉤. 온 마을이 지켜본다. 그녀의 목에 걸린 팻말. **체포 불응범**.

소녀는 앞을 똑바로 노려본다, 줄지어 선 군인들. 느닷없이 적막을 가르는 그녀 목소리, 준비! 그녀의 명령에 군인들이 소총을 들어 올린다.

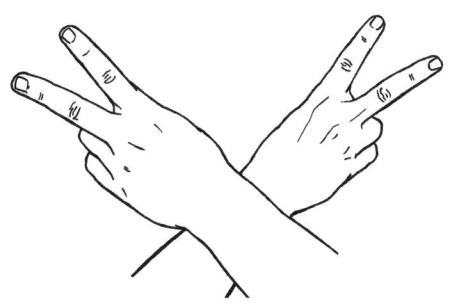

온 마을이 보고 있다

아내 잃은 남편

알폰소 바라빈스키가 중앙 광장에 섰다
셔츠 한 장 안 걸친 맨살

눈을 그러모아 덮는다
행군하는 군인들 위로.

그의 입이
쓰... 아내 이름의 첫소리를 담벼락에 내지른다 —

그는, 걸음걸음, 한참을 가는 바람,
해변을 향하는 자갈길에서 여자를 마주칠 때마다 멈춰 선다 —

알폰소 바라빈스키, 주머니엔 보드카가 한 병, 사과를 한 입 물어 구멍을 내고
보드카를 한 모금 붓는다 —

그러곤 우리의 건강을 위하여, 건배 —
마을 한가운데서 총에 맞은 아내에게 바치는 한 잔

그녀의 몸은 아직 그 자리에.
알폰소 바라빈스키, 품에는 어린아이, 방파제에 휘갈겨 쓴다
  여기 사람들이 산다 —

글자도 모르고
서류에 서명하는 사람처럼

이해도 못 하는 말을.

아내를 위해

나는 당신의 아이
이 나라에 빠져 죽고 있는데, 빠져 죽는다는

말을 몰라
외치네

마지막으로 잠수하는 거야!

나, 이 몸뚱이

나, 신의 손이 휘젓는 이 몸뚱이,
텅 빈 가슴으로 섰다.

장례식에선 —
마마 갈랴와 인형술사들이 일어서 내 손을 잡고.

녹색 손수건으로 감싸안은 우리 아기는
한때의 선물.

당신은 떠났지, 문을 조용히 닫는 법이 없던 나의 아내여, 그런데 나,
이 멍청이는, 살았네.

혼자 중얼거려도 들릴 일 없는 목소리만 더없이 선명하네,
아내가 내 머리를 감겨주던 때, 내가

그녀의 발가락 사이에 입 맞추던 때 —
우리가 다니던 거리는 텅 비었고, 한 줌 바람만

살아야 한다고 부르짖었다.
아내는 빼앗겼고, 아이는

겨우 사흘 전에 탯줄을 끊고 내 품에, 우리 집은
텅 비었고, 마룻바닥에는

그녀의 장화에서 떨어진 더러운 눈.

그녀의 드레스

그녀의 새하얀 드레스
가냘픈 지퍼가 달린.

그녀의 잘 다린
양말.

나는 거울 앞.

아내의 빨간 양말을 신어본다.

비가 悲歌

한 말씀만,
주여

부디 풀어주소서
노래를

제 혀를.

파란 양철 지붕 위의 농聾

우리 마을 소년들은 볕 드는 광장에서 공개 처형을 하고 싶다.
술 취한 군인 한 명을 끌고 온다, 목에는 팻말
  저는 바센카 여자들을 체포했습니다.
소년들은 사람 죽이는 법을 모른다.
알폰소가 수어로 말한다, 오렌지 한 상자만 주면 내가 대신 죽여줄게.
소년들이 오렌지 한 상자를 치른다.
그는 컵에다 날달걀 한 알을 깨고,
눈 속에 퍼지는 오렌지 향을 맡고,
달걀을 보드카 들이켜듯 목구멍에 털어 넣는다.
그는 손을 씻는다, 빨간
양말을 신는다, 혀로 이가 빠진 자리를 더듬는다.
소녀들은 군인의 입에 침을 뱉는다.
비둘기 한 마리 내려앉은 정지 표지판이 흔들거린다.
백치 소년은
농聾이여 영원하라, 속삭이고 군인에게 침을 뱉는다.
광장 한가운데에는,
무릎 꿇고 비는 군인, 그 옆에는 고개 저으며 제 귀를 가리키는 마을 사람들.
농聾은 파란 양철 지붕 너머 맴돌고,
구리 차양 너머 맴돌고, 농聾은
자작나무 위, 가로등 위, 병원 지붕, 종탑 위에서 먹이를 먹고,
농聾은 우리네 남자들의 가슴팍에서 쉬고.
마을 소녀들은 수어로 말한다, 시작.
마을 소녀들은 주근깨 박힌 젖은 제 몸 위로 성호를 긋는다.
내일이면 우리는 앙상한 개의 갈빗대처럼 들통나고 말겠지만
오늘만큼은
구태여 거짓말하지 않으리.
알폰소는 달려들어, 군인을 끌어안고, 폐부까지 긋는다.
군인은 길가로 날아간다.
온 마을이 면전에서 시끄럽게 나뒹구는 짐승의 뼈를
보며 땅 냄새를 맡는다.
그 틈에 소녀들은 오렌지를 훔쳐
셔츠 아래 감추고.

알폰소가 군인의 시신에서 휘적휘적 떨어져 나온다. 마을 사람들이 기뻐 환호하며 그의 등을 두드린다. 나무에 올라 지켜보던 이들이 가지 끝에서 박수를 친다. 마마 갈랴가 돼지들, 사람만큼이나 깨끗한 돼지들 이야기로 목청을 높인다.

신의 재판정에서 우리는 물으리, 왜 이 모든 것을 허하였는가?
메아리만 울리리, 왜 이 모든 것을 허하였는가?

작은 영혼, 너니?
어떤 날 밤에는 나

등불을 켠다, 보지
않으려고.

나는 발끝으로 살금살금,
아누슈카는

내 손에서
잠들고,

벗어져 가는 내 머리에는, 그녀의 보닛.

산다는 것은

산다는 것은 곧 사랑하는 것, 위대한 책은 그렇게 살라 한다.
하지만 사랑으로는 충분치 않다 —

가슴에는 약간의 어리석음도 필요한 법!
우리 아이를 위해 나는 신문지로 모자를 접고

소냐 앞에서 대단한 시인인 체하고
그러면 그녀는 살아 있는 체하고 —

나의 소냐, 그녀의 이야기들과 그녀의 유려한 다리,
그녀의 다리와 다른 이야기들을 여는 그녀의 이야기.

(키스할 때 말하지 마!)
내가 보인다 — 노란색 비옷,

샌드위치, 이에 낀 토마토 조각,
우리 아누슈카를 하늘까지 들어 올리는 나 —

(바보 같아, 아내가 웃었던가)
나는 노래하고 그녀는 터뜨리네

내 이마 내 어깨에 쉬!

그들이 알폰소를 데려가는 모습을 마을 사람들이 보고 있다

이제 우리 하나하나가
증인석.

바센카는 알폰소 바라빈스키를 길가로 내던지는 군인 넷을 보는 우리를 본다.
우리는 그를 데려가는 그들을 막지 않는다, 우리 겁쟁이가 전부.

하지 않은 말은
옷 가방에, 외투 주머니에, 콧구멍에 담아둔다.

길 건너에서는 그들이 소방 호스로 그를 씻어버린다. 처음엔 비명을 지르던 그는
이내 멈춘다.

햇살은 이다지도 쨍하고 —
빨랫줄에서 티셔츠 한 장 떨어지고, 멈춰 선 노인, 주워 들어 얼굴에 누른다.

이웃들은 코미디쇼처럼 내던져지는 그를 보려 앞을 다투어, 짜잔.
이다지도 쨍한 햇살 아래에서 —

우리 하나하나가
증인석.

그들이 알폰소를 데려가고
아무도 일어서지 않는다. 우리의 침묵이 우리 대신 일어선다.

멀어지는

군인 하나가 고아가 된 소녀와 알폰소의 아이를 안고 멀어져 간다. 중앙 광장에는 알폰소가 밧줄에 매달렸다. 오줌에 바지가 검게 젖는다.

그의 손에 춤추는 꼭두각시.

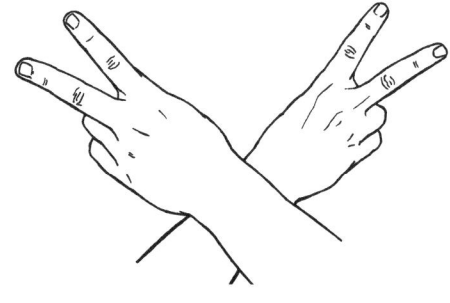

온 마을이 보고 있다

추도사

커다란 재앙에 대해서만 말해서는 안 됩니다 —

우리에게 이를 알려준 것은 철학자가 아니라
우리의 이웃이었습니다, 알폰소 —

눈을 감은 그는, 다른 사람들의 현관에 올라가
자기 아이에게 우리 국가를 불러주었습니다.

커다란 재앙에 대해서만 말해서는 안 됩니다 —
아이가 울음을 터뜨리자 그는

신문지로 모자를 접어 씌우고 아코디언 주름을 누르듯
자신의 침묵을 꾹꾹 눌렀습니다.

커다란 재앙에 대해서만 말해서는 안 됩니다 —
그가 음이 어긋난 그 아코디언을 연주한 이 나라에

악기라고는 문짝밖에 없습니다.

질문

인간이란 무엇인가?
두 번의 폭격 사이 고요.

고집에 숨을 살짝 불어넣어 만든 이야기

고집에 숨을 살짝 불어넣어 만든 이야기가 다 그렇지 —
이런 이야기에 서명하는 것은 신 앞에서 말없이 춤춘 이들.
빙빙 돌고 펄쩍 뛴 이들. 서로의 귀밖에는 막아주는 것 없이
솟아오르는 자음들에 목소리를 준 이들.
저희는 이 고요 속에 배를 깔고 엎드립니다, 주여.

저희가 부는 바람으로 얼굴을 씻고 애정의 정해진 모양은 잊게 하소서.
아이 밴 이 여인이 손에 흙으로 빚은 것을 쥐게 하소서.
그녀는 신을 믿사오니, 허나 또한 자기 나라의 어미들을 믿습니다,
어미들은 신발을 벗고
걷나이다. 그들의 발자국이 저희의 문법을 지우나니.
그녀의 남편이 지붕 위에 무릎 꿇고 목을 가다듬게 하소서.
(인내의 비결은 바로 아내의 인내이니)
지붕을 사랑하는 그가, 오늘 밤도 오늘 밤도, 그녀와 그리고 그녀의 망각과 사랑을 나누리니
그들이 눈먼 이들에게서 불을 빌리게 하소서.
증거 있으리라, 증거 있으리라.
헬리콥터가 거리를 폭격하는 사이에도, 그들이 여는 것은 무엇이든 열리리라.
침묵이란 무엇인가? 우리 안 하늘에 있는 것.

제2막
마을 사람들이 마마 갈랴 이야기를 한다

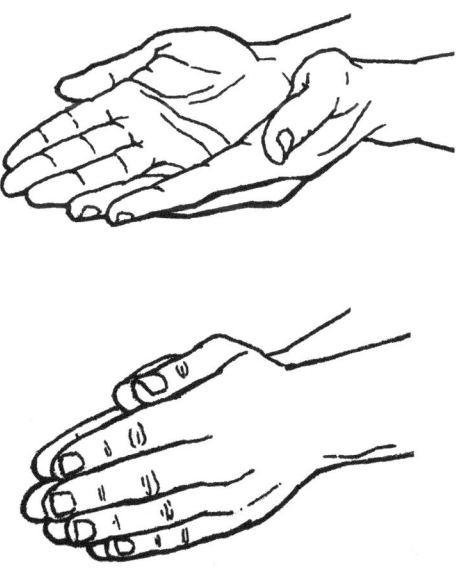

이야기

마을 사람들이 초록 자전거를 타는 갈랴 이야기를 한다

마마 갈랴 아르몰린스카야, 쉰세 살, 우리 중 섹스를 가장 많이 함.
그녀가 발코니에 나와 걸으면

군인 하나가 오 하며 일어서고,
또 하나가 서고,
그러다 온 부대가 서고.
우리는 그녀의 가슴을 쳐다보지 않으려 애쓰고 ㅡ

사방에 있지,
총알 닮은 젖꼭지들.

그녀를 잡아가겠다고
군인들은
그녀의 극장에 간다 ㅡ 매일 밤 그녀의 극장으로 돌아간다.

낮이면 갈랴는 빈 우윳병으로 보안 검문소를 겨눈다.
초록 자전거를 타고
그녀는 온 나라를 누비지
느림보 우유 배달부처럼,
그녀의 병뚜껑 둘레에 낀 살얼음처럼.

갈랴 아르몰린스카야, 우리 민족 중 가장 운 좋은 여자!
그대의 철제 자전거는 명랑한
위스키 찬가를 부르며
행군하는 군인들을 가르고

햇살 속으로. 그대는 맨발로 페달을 밟지, 겨우
반바지만 입고서.

법도 어찌하지 못하리.

마마 갈랴가 처음으로 저항한 날

그녀가 담배꽁초를 한 모금 빨고 외친다
       어느 군인을 향해
   집에나 가! 마지막으로 마누라한테 뽀뽀한 게 노아가 배에 탄 날인 놈아!

마담 마마 갈랴 아르몰린스카야, 당신에게 무엇을 주어야 할까요 우리의
     장례식 날에
    노란 택시, 당신 옆자리에 앉아 떠나려면
   양쪽 창문 활짝 열고서
      잡혀간 이들의
    우편함엔
       빵 몇 덩이 챙겨 넣고

마마 갈랴 아르몰린스카야,
       대로변 젖은 담벼락 앞에서 외친다.
  안 들리는 건 병이 아니야! 일종의 체위 같은 거지!

통금이 내린 길을 순찰하던 젊은 군인이
     속삭인다,
      갈랴 아르몰린스카야, 그래, 갈랴 아르몰린스카야가
소위의 순찰견 목줄을 채찍 삼아 소위에게 휘둘렀어
     서른두 명이 보고 있는데도
     (제빵사가
      기어이
제 아들들을 데려오겠다고 했거든).

이런 밤이면 신이 그녀를 지켜보았지만
      그녀는 참새가 아니다.
    전쟁 통에

그녀는 문 여는 법을 가르친다,
    그리고 걸어
      나가는 법을
  이것이야말로 진정한 교육.

| 빨래 더미 |

중앙 광장에는 군대 검문소. 검문소 위에는 아직 바람이 줄 잡은 꼭두각시처럼 밧줄에 매달린 알폰소의 몸. 검문소 안쪽 방에서는 어린 아누슈카가 울음을 터뜨린다.

검문소 앞에서는 마마 갈랴의 인형술사 둘, 공원 벤치를 타고 올라 입을 맞추기 시작한다, 손으로 서로의 머리칼을 움켜쥐고. 군인들이 환호하며 얼마나 오래 할지 내기를 건다. 여자들이 웃는다. 키스할 때 말하지 마!

보는 이 없는 틈에 마마 갈랴가 검문소를 빠져나온다. 품에는 하사의 빨랫줄에서 훔친 빨래가 한 아름, 이불보 속에는 아누슈카를 숨기고. 태양에서 눈발이 쏟아진다.

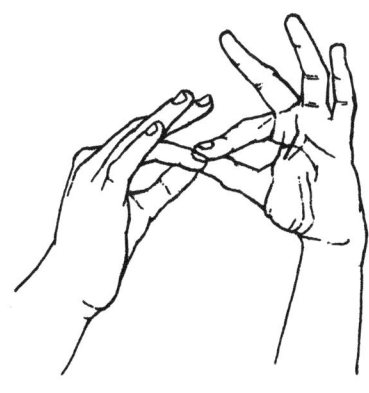

키스

어떤 날들

중년 남자들같이,
오월의 나날이
감옥으로 걸어간다.
젊은이들처럼 감옥으로 걸어간다,
외투는
잠옷 위에 걸치고.

대로변에 붙은 선거 벽보가 뽐내는 갖가지 머리모양은
모두 한 명의 이름난 독재자의 것 —
그리고 나, 쉰세 살,
아이 생각은 내려놓은, 나 — (이웃들을 향해 소리친다, 이리 좀 와봐!
이리 좀 와봐!
이 잘난 백치들아!

얘가 방금 공원 벤치에다 똥을 눴어, 잘난 백치들아!
부모가 된다는 건
존엄은 조금 내려놓아야 하는 일)

— 감사합니다, 신이시여.

바람이 가판대의 빵을 휩쓸면 가게 주인들은 욕을 퍼붓고
그때쯤 바람은 이미 자전거를 타고 저 멀리 —

하지만 이럴 때, 빨래 바구니 들고 내가 거리에 나오면

바람은 그저
요 자그만 보닛과 양말을 만져보고 싶어 안절부절못하지.

극장 장막 뒤에서, 인형술사의 입술이 군인 이바노프의 성기 위로 미끄러진다. 그가 그녀의 머리에 손을 얹어 제 쪽으로 끌어당긴다. 그녀는 손을 밀어낸다, 입은 떼지 않는다. 그가 다시 한번 손을 뻗자, 그녀가 멈추고, 그를 올려다보며 수어로 말한다. 착하게 굴어야지. 그가 보드카를 한 모금 더 들이켠다. 그녀는 입으로 그를 받아들이고 눈을 감는다. 스르륵, 점점 빠르게.

아름답도다, 바센카 여자들이여, 아름답도다. 그녀가 그의 손바닥을 핥자, 그가 웃는다. 마침내 그가 정신을 잃으면, 그녀는 꼭두각시 줄로 그의 목을 조른다. 아래층에 줄지어 선 군인들은 마마 갈랴와 건배하느라 이바노프의 몸뚱이를 끌고 나가는 인형술사들을 보지 못한다.

아름답도다, 바센카 여자들이여, 아름답도다.

안녕, 자기. 문이 열리고 그녀가 다른 군인더러 들어오란 손짓을 한다.

착하게 굴어

폭격 속에서, 갈라는

공습 27일 차, 나는
몸뚱이밖엔 가진 것 없고, 텅 빈 이 아파트 벽이란 벽은 모두 허파처럼 헐떡거린다.

그저 좀 조용했으면 한다고 어떻게 말하면 좋을까. 나, 들리지 않는 여자는, 그저 좀 조용했으면, 그저 좀 조용했으면 한다고.
나, 덩그러니

아기방에 있으면 땅은 내게 요구한다, 땅은 내게 요구한다
너무도 많은 것을, 나는

(딸꾹질하는 심장을 체념하고 잠들기 전) 헤아려 본다
우리의 힘을 ― 여자 하나와 아이 하나의.

증거하는 제 이 몸을 두 눈 삼아 당신께서 저희를 굽어보시나니, 신이시여 ―
한 아이가 의자를 움켜잡고,

군인들이 (말로 인해 속에서부터 곰팡이가 슨 얼굴로) 내 사람들을 전부 붙잡아 갈 때, 나는
달아나고 깃발은 바람이 손을 말리는 수건.

그들이 문을 잡아 뜯고 내 텅 빈
아파트에 쳐들어오는 사이 ― 나는 다른 아파트에서 의자를 움켜잡은 아이에게 미소 짓고는

기우뚱기우뚱
아이는 저와 당신을 향합니다, 신이시여.

내 박수와 응원을 받으며
아이가 떼는 첫 걸음마,

아이의 첫 걸음마, 모두가 그러하듯 풍파 속으로.

소복소복

유월의 나날이 중년 남자들처럼
감옥으로 걸어가는 사이
나는 아누슈카의 머리를 자른다.
아이의 어깨 위에
아이의 어깨 위에
소복소복 쌓인다.

*

나도 별 수 없는 인간 —
나도 낮잠을 자야지.

*

아누슈카, 네 잠옷 말야 —
그게 내 삶에 남은 유일한 의미란다.

네게 잠옷을 입히는 것 말야,
아누슈카!

살아야 할 이유로 충분하지.

*

잘 시간이야, 아누슈카!

나는 귀먹지 않았어
그저 세상에다 말했을 뿐

그 정신 나간 음악 좀 잠시만 끄라고.

갈랴의 건배

당신의 목소리, 현묘한 덕에,
발 하나에 스물여섯 개의 뼈, 네 가지 호흡법에,

소나무, 적송, 줄고사리, 박하풀에,
히아신스와 방울꽃에,

밧줄로 매인 기관사의 당나귀에게,
레몬 냄새, 나무둥치에 멋들어지게 오줌을 갈기는 소년에게.

이 땅의 만물을 축복하소서, 그것들이 병들기 전까지는
말 안 듣는 가슴들이 저마다 이렇게 고해하기 전까지는. 저는 답은 알지 못했지만

사랑했습니다 — 그러고는 제가 사랑한 것을
잊었습니다, 잊은 것이 당신 향한 제 여정을 영광스럽게 했습니다,

겁을 누르고 조금이라도 더 당신 가까이로 가려 했습니다, 주여.

갈랴네 극장 무대에서, 여자 하나가 부끄럼 많은 무릎을 가리려 허리를 숙이면 객석을 채운 군인들에게 펼쳐지는 능청스런 가슴골의 향연.

그녀만 남기고 무대가 어두워진다. 인형술사들이 복도로 목 졸린 군인을 또 하나 끌고 간다.

무대 가운데에서 마마 갈랴가 성냥을 긋는다.

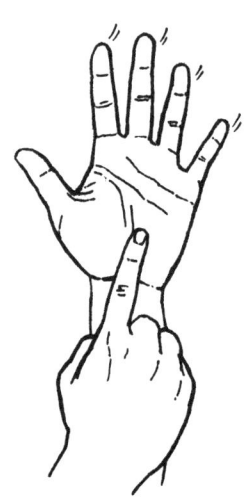

성냥

침묵?
그것은 내가 너를 매질할 몽둥이, 그것으로 내 너를 때려주마, 목소리여, 너를 때려주마

네가 말할 때까지, 네가
똑바로 말할 때까지.

군인들은 멍청해 보이고 싶지 않다

아침. 누가 체포된 이들의 명단을 갈겨써서 담벼락에 못질한다. 어떤 이름은 읽을 수 없는, 그저 구불거리는 선이나 콧수염 모양이다.

우리는 떨리는 손끝으로 명단을 훑는 갈랴를 본다.

갈랴네 여자들이 군인 이바노프에게 한 짓을 빌미 삼아 테드나 거리 여자들을 죄다 잡아들인 군대는 갈랴네 여자들이 군인 페트로비치에게 한 짓, 갈랴네 여자들이 군인 데벤코에게 한 짓을 빌미 삼아 매일 아침 가게 하나씩을 폭파하기 시작한다.

거리들이 텅 빈다.

채소 가판대가 터지고, 우리를 향해 날아오는 토마토 한 알이 바람에 산산조각.

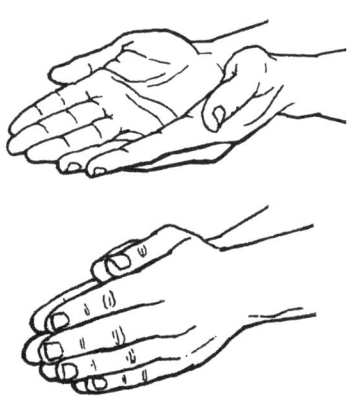

이야기

수색병

내 손으로 일곱 살 게나와 아홉 살 야샤의 눈을 가려준다,
아이들 아빠가 바지를 내리고 수색당할 때, 그의 살이 떨릴 때

그를 둘러싸고
적막의 징그러운 뱃살이 헐떡댄다. 군중이 보고 있다.

보고 있는 우리를 아이들이 보고 있다.
군인들이 벌거벗은 남자를 끌고 계단을 오른다. 나는 아이들의 손을 가르쳐 고통을

말할 수 있게 한다 ―
보렴, 듣지 않는다는 것이 어떻게 우리를 우리 몸에 못 박는지를. 아누슈카는

떠돌이 개들이 사람이라도 되는 양 말을 걸고
사람들에게 말을 걸고

마치 그들이 사람이라도 되는 양
단지 뼈를 목발 삼은 영혼에 불과하지는 않다는 양.

마을 사람들은
아이들을 보고 있지만 양말조차 신지 않은 생각의 발바닥으론

이 도시의 차디찬 돌덩이를 느끼고 있다.

자장가

아누슈카야, 너를 본다
그리고 말을 건다

죽어버린
애벌레들에게

좋은 아침입니다, 의원 나리들!
이것은 전쟁,

우리의 무기를
써야 할 때!

총살대

발코니마다, 햇살이. 포플러 가지마다, 햇살이, 우리 입술마다.
오늘은 아무도 총을 쏘지 않는다.
여자아이가 손가락으로 머리를 자르는 시늉을 한다 —
가위에 햇살이 비치고, 아이의 머리칼에 햇살이.
다른 여자아이는 잠든 군인의 신발 한 켤레를 훔치다 빛줄기에 붙잡힌다.
군인들이 잠에서 깨, 깜짝 놀라 그들을 보는 우리를, 깜짝 놀라 보는데
그들은 무엇을 보는 걸까?
오늘 밤 그들은 레르나 거리에서 여자 쉰 명을 총살했다.
나는 자리를 잡고 앉아 내가 아는 것을 적어 전하리.
아이는 세상을 입에 집어넣어 보며 배운다는 것,
소녀는 여자가, 여자는 땅이 된다는 것.
몸이여, 저들은 온갖 일을 당신 탓으로 돌리고 저들은
몸에는 살지 않는 것들을 몸에서 찾는다네.

질문

여자란 무엇인가?
두 번의 폭격 사이 고요.

아직, 내가 있다

아직, 내가 있다. 존재한다. 나란 존재에게
몸이 있다.
아누슈카는

내 손가락을 끌어
제 입에다 집어넣고
깨문다.

세상에 어떻게 살아갈까, 아이야?
내가 들을 수 있다면
넌 뭐라고 말할까?

너의 대답!

이 세상에서 우린 할 수 있어요
— 그렇죠? —

우리가 하고 싶은 것을.

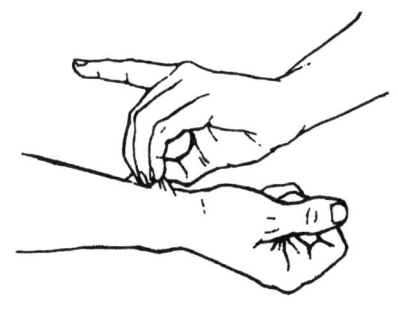

이 세상

재판

아이를 부러진 팔처럼 감싸안은 갈랴가 주춤주춤 중앙 광장을 지난다. 테드나 거리의 폭탄 맞은 건물들은 문틀만 남아 서 있다. 문들, 손잡이에 걸려 달랑거리는 꼭두각시들, 총 맞은 사람 하나에 꼭두각시 하나.

인도에서 두 여자가 갈랴를 막아서고 마을 사람들이 본다. 네년의 혁명 때문에 우리 언니가 잡혀갔어, 하나가 그녀 얼굴에 침을 뱉는다. 다른 하나는 그녀 머리채를 잡고 외친다, 머리통을 깨서 달달 볶아 먹어야 성이 차겠어! 둘은 아누슈카를 붙잡아 갈랴를 빵집 뒤로 끌고 간다.

시장은 하품하며 물건 까는 상인들로 가득하다. 노점상들은 비질한다. 비척대며 골목을 나온 갈랴, 사람들을 붙잡는다, 한 사람, 또 한 사람. 아누슈카를 안은 여자를 쫓아간다. 사람들이 빗자루로 그녀를 밀친다.

그녀가 소리를 지른다.

사람들이 자기 귀를 가리킨다.

품위를 아는 우리네 사람들이 창을 닫는다.

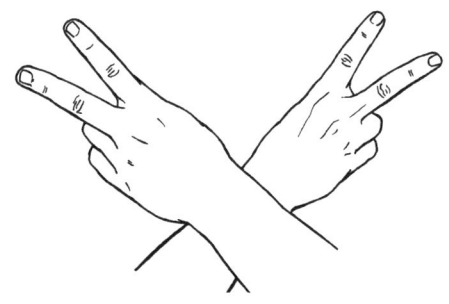

모여든 사람들이 보고 있다

바센카 남자들에게 쫓기며

거리에서 우리를 헤집으며 갈지자로 내달리는 여자를 본다
얼굴에는 길게 난 상처가

그녀의 외투에 달린 지퍼처럼 길게도 —
친애하는 이웃 여러분! 그녀가 외친다,

친애하는 이웃 여러분! 이 잘난 백치들아!
그녀가 우리에게 그렇게 외친다.

깊은 구덩이를 파라!
콧구멍이 위를 향하게 나를 누이고

내 입에다 적당한 검은 흙을 쑤셔 넣어라.

익명

그리고 마마 갈랴의 관 말인데, 걸려버렸다
계단통에서, 거꾸로 들어 옮겨야 했지.

시체는 너무 많았고
사람은 모자랐다 —
귀는 너무 많았지만 아무도 귀에는 마음 쓰지 않았다.

이런 시절엔
누구라도 나라를 위해 무언가 하는 법.
누군가는 죽고.
누군가는 연설을 하고.

사람은 너무 많고 손은 모자랐지
마마 갈랴의 시신을 씻기고 손톱을 다듬기엔 —
그건 이 땅이 차린
마지막
예의.

오늘
나는 사람의 표정을 해야 해

나는 기껏해야 짐승일 뿐인데
나라는 짐승은 빙글빙글

장례식장에서 부엌으로 휘몰아쳐 가며 외친다, 제가 왔습니다, 신이시여, 당신께 달려왔습니다 —
눈발 흩날리는 거리에 나 벗은 깃대처럼 섰다

깃발 하나 없이.

그런데도 어떤 밤에는

우리 나라는 결국 항복했다.

몇 년이 지나면 어떤 이들은 아무 일도 없었다고 말할 것이다. 가게는 장사를 했고 우리는 행복했으며 공원에서 인형극을 보곤 했다고.

그런데도 어떤 밤에는, 마을 사람들은 촛불을 켜고 아이들에게 수어를 가르친다. 우리 나라는 무대다. 경비병이 줄지어 갈 때면 우리는 손을 깔고 앉는다. 겁내지 마, 아이가 나무에게 문에게 수어로 말한다.

경비병이 줄지어 갈 때면, 거리는 텅 빈다. 텅 빈 공기 중엔 오로지 끈이 삑삑대는 소리, 나무 주먹이 탁 탁 벽에 부딪는 소리만.

우리는 가만히 객석에 앉아 있다. 적막이, 우리를 비껴간 총알처럼, 날아간다 —

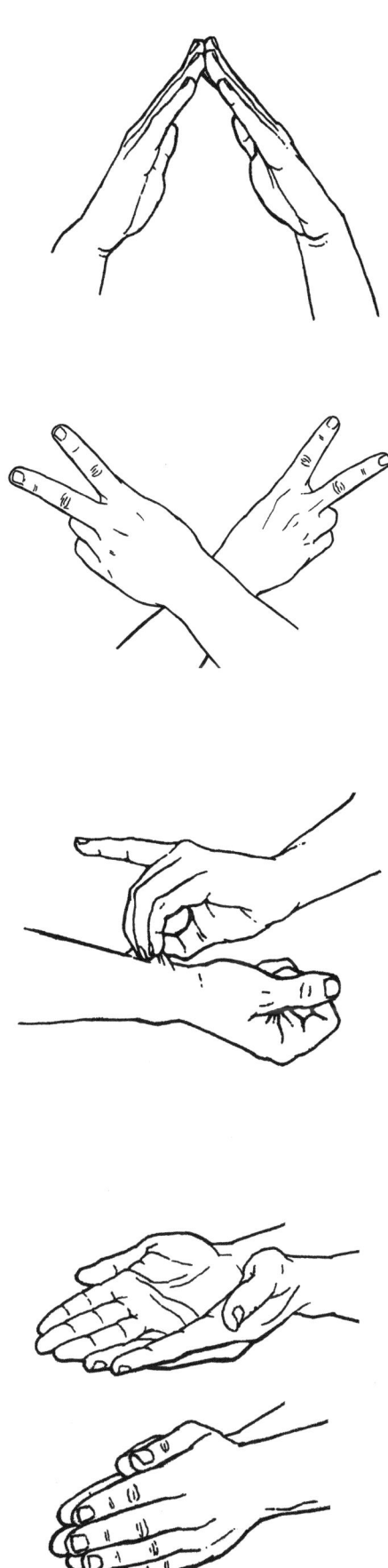

평화의 시절에

이 땅에 산 지 어언 사십여 년
나도 한때 평화로운 나라에 살았다. 이웃들을 바라본다

그들이 휴대전화 속 경찰을 바라본다
경찰은 한 남자에게 운전면허증을 요구한다. 남자가 지갑을 꺼내려 하자 경찰은
총을 쏘았다. 차창 너머로. 쏘았다.

이곳은 평화로운 나라.

우리는 전화기를 주머니에 집어넣고 간다.
치과에,
학교에 아이들을 데리러,
샴푸를 사러,
바질도 사러.

우리 나라는 경찰의 총에 맞은 소년이 길가에 누워 있는 곳,
몇 시간이나.

아이의 벌어진 입속으로
적나라하게 드러난
국가의 나신.

우리는 본다. 보는
이들을 본다.

소년의 몸은 길가에 그저 소년의 몸처럼 누웠고 —
이곳은 평화로운 나라.

그리고 사람들의 몸을 꺾어버리는 나라
너무도 쉽게, 영부인이 발톱을 깎듯.

우리는 모두
여전히 애써야 한다, 치과 예약을 하고
여름 샐러드 만드는 법을
기억하고 — 바질, 토마토, 맛있으니까 또 토마토, 그리고 소금 약간.

지금은 평화의 시절.

내게 총성은 들리지 않고
주택가 뒤뜰에서 날갯짓하는 새들만 보인다. 하늘은 저다지도 눈부시고.
아래선 거리가 소용돌이치는데.
저다지도 눈부신 하늘, (용서하시라) 저다지도 눈부신.

주석

수어에 관하여.
바셴카 주민들은 고유한 수어를 고안했다. 일부는 다양한 전통(러시아, 우크라이나, 벨라루스, 미국 등의 수어)에서 유래했다. 당국이 모르는 언어를 만드느라 시민들 스스로 만들어 낸 것도 있다.

침묵에 관하여.
농인에게 적막이란 존재하지 않는다. 적막은 청인들이 만들어 낸 것이다.

감사의 말

〈우리는 전쟁 통에도 행복하게 살았네〉는 일리노어 윌너에게 바친다.
〈총성〉은 제리코 브라운에게.
〈듣지 않는 봉기가 시작된다〉는 보리스 헤르손스키, 류드밀라 헤르손스키에게.
〈뼈와 찢긴 판막들의 지도〉는 브라이언 터너에게.
〈새벽 네 시 폭격〉은 데니스 존슨에게.
〈담배〉는 셰리 자단에게.
〈총살대〉는 가스 그린웰에게.
〈평화의 시절에〉는 캐롤린 포르셰와 퍼트리샤 스미스에게.
연시戀詩는 모두 케이티 패리스를 위해 썼다.

* * *

여기 실은 시의 일부를 (종종 다른 형태로) 발표했던 여러 지면의 편집자들에게 감사를 표한다. 글을 실은 정기간행물은 다음과 같다. 《계간 알래스카》, 《미국시평》, 《카페평론》, 《컬럼비아 문예》, 《코르크 문학 평론》, 《멕시코만 연안》, 《하버드 평론》, 《이미지》, 《케년 평론》, 《라나 터너》, 《매사추세츠 평론》, 《맥스위니즈》, 《뉴요커》, 《공적공간》, 《쟁기》, 《시》, 《시평》(영국), 《웨일스 시》, 《룬》, 《세네카 평론》, 《더 숍》(아일랜드), 《윌류로》, 《울프》, 《오늘의 세계 문학》.

　다른 일부를 실은 다음 선집의 편집자들에게도 감사를 표한다. 《미국 최고의 시》(Scribner, 2018), 《우리 시대의 시 오십 선》(Graywolf, 2018), 《저항, 반역, 삶: 오늘의 시 오십 선》(Knopf, 2017), 《정치적 재난을 위한 시》(Boston Review, 2017), 《강력한 흐름: 마틴 루터 킹 헌정시선》(Bloodaxe Books, 2017), 《해방: 세계 저명 시인 신작선》(Beacon Press, 2015), 《울프 시선》(Wolf, 2012), 《침상원 시선: 1992-2011》(Wesleyan University Press, 2012), 《푸시카트 수상작품집》(Pushcart Press, 2012), 《나는 폐허로 간다: 국제 인권을 지키는 현대 시선》(Lost Horse Press, 2010), 《미국 서부 신예 시인선》(Many Voices Press, 2010), 《물과 노래 사이에서: 21세기 신예 시인선》(White Pine Press, 2010), 《오늘날 미국의 젊은 시인 13인선》(Proem Press, 2009), 《피스하우스에서: 노래하고 운을 맞추고 울리고 누르고 좋은 소리를 내는 시들》(Persea Books, 2009), 미국시인협회의 오늘의 시 시리즈.

　내가 더 나은 사람이자 더 나은 시인이 될 수 있도록 도와주는 고마운 이들이 있다.

카베 아크바르, 샌드라 앨코서, 하리 알루리, 캐서린 바넷, 폴리나 바르스코바, 켈빈 베디언트, 셔윈 비츠이, 말라키 블랙, 제리코 브라운, 제인스 바이언, 앨리 캘더론, 빅토리아 챙, 애덤 데이비스, 크와미 다우스, 차드 드니오드, 밍 디, 블라스 팰코너, 캐롤린 포르셰, 케이티 포드, 제프 프리드먼, 캐롤 프로스트, 레이철 갤빈, 포레스트 건더, 데이비드 게완터, 가스 그린웰, 에드워드 허시, 제인 허시필드, J. 호프 스타인, 리즈 후에르타, 이시언 허친슨, 수전 켈리 드와이트, 데이비드 케플링어, 케리 키즈, 수지 곽 김, 스티브 코위트, 리영리, 다나 레빈, 제프리 레빈, 제임스 롱겐바흐, 토머스 럭스, 루스 메이디브스키, 니콜라 마지로브, 도라 말레흐, 데이비드 토머스 마르티네스, 데이비드 매틀린, 필립 메트레스, 말레나 뫼를링, 발지나 모트, 미하엘라 모스칼류크, 샌딥 파머, 찰스 프랫, 메리 라쿠프, 토마시 샬라문, 짐 슐리, 돈 셰어, 찰스 시믹, 피터 스트렉퍼스, 샘 테일러, 수전 테리스, 캐서린 톨러, 브라이언 터너, 진 발렌타인, 알리사 베일스, 애덤 빌, G. C. 월드렙, 마이클 워터스, 캐리 웨이슨, 일리노어 윌너, 크리스천 와이먼, 아담 자가예프스키, 매튜 저프루더.

 미술 작업으로 함께해 준 제니퍼 휘튼과 게일 슈나이더에게도 고맙다.

 구겐하임 재단, 래넌 재단, 시 재단, 와이팅 재단, 맥다월 재단, 버지니아창작센터, 버몬트스튜디오센터, 투펄로 출판사의 도움에 감사의 뜻을 전한다.

* * *

그레이울프 출판사에, 특히 이 책을 믿어준 제프 쇼츠에게 깊이 감사한다.
 매튜 홀리스, 라비니아 싱어를 비롯해 이 작업을 믿어준 파버앤드파버의 모두에게 무척 고맙다.

역자의 말

위험을 나누는 이들의 혁명. 박종주

장애에 대해 배우면서 처음 들은 것 중 하나는 소리를 듣지 못하는 사람의 비율이 높아 자연스레 농인 문화를 중심으로 공동체가 형성되었다는 어느 섬의 이야기였다. 인구 구성도 산업 구조도 달라지면서 과거의 이야기가 되었지만, 19세기 미국의 마서스 비니어드 Martha's Vineyard 섬에서는 수어가 제1 언어였을 뿐 아니라 늘 수어로 대화하다 보니 상대가 소리를 들을 수 있는지 없는지는 애초에 관심사가 아니었다고 배웠다. 장애란 단지 몸의 문제가 아니라 문화의 문제이며 문화가 달라진다면 특정 신체 조건이 갖는 함의도, 그 몸을 갖고서 살 수 있는 삶도 완전히 달라질 수 있다는 것을 알려주는 사례였다. 꼭 그런 곳이 아니더라도 주류 언어와는 다른 독자적인 언어를 쓰는 농인들은 특유의 문화와 자긍심을 갖고서 농인 공동체를 꾸리며 살아간다고도 배웠다. 여전히 농문화에 대해서는 아는 바가 많지 않지만, 이후로 꽤 긴 시간 동안 드문드문이나마 장애에 대해 생각하고 쓰는 데에 이런 이야기들을 토대로 삼았다.

그러나 종종, 그럼에도 불구하고 한 가지 감각을 쓸 수 없어 겪게 될 문제들을 고민했다. 몸으로 진동을 느끼기에는 멀지만 얼른 피해야 할 만큼은 가까운 곳에서 무언가가 폭발할 때, 같은 상황들을 걱정했다는 뜻이다. 청인이 폭음을 듣고 곧바로 움직일 때 청각장애인은 소음에 반응해 경고등이 켜지는 기계든 재난 안내 문자든 주변에 있는 청인의 안내든 어떤 매개를 거쳐야 비로소 움직일 수 있다면, 그리고 그사이의 찰나 같은 시간 차가 둘의 생사를 가른다면. 요즘은 주로 팔레스타인을 생각한다. (실은 도망할 시간도 도망할 곳도 주지 않는 허울뿐인 경보지만) 이스라엘군의 공습경보 소리를 들을 수 없는, 일상이 된 정전으로 해가 지면 칠흑같이 어두워지는 탓에 밤에는 상대의 수어를 볼 수도 없는 가자의 농인들을.

* * *

나는 이런 식으로 알지 못하는 이들의 자긍심에서 출발해서는 그들의 곤란으로 빠져들곤 했지만 《듣지 않는 자들의 공화국》은 반대 방향으로 나아간다. 페탸는 위험의 신호를 듣지 못했고, 그 위험은 페탸에게 상황을 파악할 단 몇 초의 여유조차 주지 않고 목숨을 앗아갔다. 이에 바센카 사람들은 자신들도 위험의 소리를, 군인들의 말을 듣지 않기로 한다. 이는 강력한 저항이지만 그 이전에 스스로를 위험에 빠뜨리는 일, 힘을 기르기 전에 서로가 처한 위험을 공유하는 일이다. 단순히 모두가 안전해지는 것을 목표로 ― 위험이 서로 다르게 가해지는 현재의 구도는 유지하면서 ― 무언가를 도모하는 것이 아니라 지금의 위험을 평등하게 나누어 지기로 하는 것, 바로 여기에서 혁명이 시작된다.

저 섬의 사람들이 그러했듯, 바셴카에서 누가 소리를 듣지 못하는 사람인지, 그런 사람이 얼마나 되는지는 분명치 않고 중요하지도 않다. 누군가 소냐에게 건넨 팻말에는 그들이 소리를 듣지 못한다고 적혀 있지만 페탸를 제외하고는 모두 군용 지프가 다가오는 것을 알아차렸다. 알폰소와 소냐, 갈랴와 인형술사들이 수어를 가르치는 것이 주민 다수가 원래는 수어를 몰랐기 때문인지 그저 지금껏 쓸 일 없었던 새로운 어휘가 필요하기 때문인지는 명시적으로 드러나지 않는다. 확실한 것은 단 하나, 이들이 군인들의 말을 듣고 따르기를 거부하고 있다는 사실, 기꺼이 듣지 못하는 이가 되고자 한다는 사실뿐이다.

무고한 어린이의 죽음에서 시작해 논개나 고다이바를 떠오르게 하는 여성들의 싸움으로 이어지는 서사는 일면 고루하기도 하지만 우선은 저 위험의 재분배를, 약함의 역전을 생각하며 읽었다. 듣지도 말하지도 못한다고 여겨지기에 비밀리에 모의할 수 있는 수어 화자들, 반격당할 걱정 없이 추파를 던지고 희롱할 수 있는 대상으로 여겨지기에 빈틈을 파고들 수 있는 여성들의 무기가 되는 위험과 약함. 벽장 속에 숨어서만 살아남을 수 있었던 이들이 평생을 갈고 닦은 암약의 기술로 새로운 세상을 열 수 있으리라는 것을, 너무도 약해 서로에게 의지해서만 살아남을 수 있었던 이들이야말로 서로를 돌보는 새로운 삶의 원리를 찾을 수 있으리라는 것을 생각하며 읽었다. 바셴카의 싸움은 끝내 실패한다. 그러나 그것은, 저 약함이 그저 약함이라서가 아니라 위험을 더 많이 나눌 길을, 모두 함께 더 약해질 길을 아직은 찾지 못했기 때문일 것이다. 소냐의 약함을 소냐에게, 인형술사들의 약함을 인형술사들에게 남겨두지 않고 우리가 그것을 나누어 가질 때, 또한 우리 자신의 약함을 드러내고 그들과 공유할 때에야 비로소 다른 서사를 찾을 수 있을 것이다.

*　*　*

책 제목에서는 "듣지 않는"으로 옮긴 영어 단어 deaf는 기본적으로는 청각이 작동하지 않는 것, 소리를 듣지 못하는 것을 가리킨다. 또한 (한국어에서 '들리지 않다'가 비유적으로 그런 의미를 갖는 것보다는 좀 더 직접적으로) 듣지 않다, 관심을 주지 않다라는 뜻도 갖고 있다. 그리고 앞에서 말했듯 이 이야기는 둘 사이의 경계를 흐리면서 펼쳐진다. 이것을 온전히 담지는 못하고 문맥에 따라 '들리지 않다'와 '듣지 않다'를 혼용해 옮겼지만 바셴카의 싸움이 이 둘의 중첩을 토대로 펼쳐진다는 것이 어느 정도는 읽혔기를 바란다. 명사형인 deafness는 때로 농聾으로 옮기기도 했다. 농은 예전에 흔히 쓰이던 '농아' 같은 말에서처럼 소리를 듣지 못한다는 불능을 의미하기도 하지만 신체 조건으로서의 듣지 못함과 구분되는, 수어를 기반으로 하는 농문화와 농인 정체성을 나타내는 말이기도 하다. 물론 이 책은 둘을 구분해 쓰지 않으며 농이 저 중첩을 정확히 나타내는 말인 것도 아니다. (영어에서는 주로 전자를 deaf로, 후자를 Deaf로 써서 구분하며, 농문화에 속한 사람이라는 의미에서 문화적 농culturally deaf이라는 표현도 사용한다.) 하지만 소리에, 주류적으로 강제되는 언어에 동화되지 않는 삶의 양식, 그 가능성을 표시해 두고 싶었다.

고백건대, 적절히 옮겼는지는 물론 적절히 읽었는지도 자신할 수 없다. 길지 않은 글임에도 꽤 많은 문장의 뉘앙스를 파악하기 어려웠다. 꼼꼼히 읽고 여러 곳의 번역을 논의해 준 박우진 편집자에게 감사를 전한다. 그러나 확신은 없어 주저하면서도 고집을 부려 고치지 않은 데도 더러 있다. 책에 남은 실수는 모두 나의 것이다. 들리지 않음/듣지 않음뿐만 아니라 (소리 내, 혹은 군인들의 언어로 말하지 않는다는 의미에서의) 침묵과 (흔히 불안하고 텅 빈 것으로 여겨지지만 듣지 않는 이들에게는 전혀 다른 의미일) 적막으로 나누어 옮긴 silence도 여전히 마음에 걸린다. 나머지 단어와 문장들은 중첩과 모호함을 최대한 남겨 번역하려 노력했다. 아직 찾지 못한 위험과 약함을 더 많이 나눌 길이 그로부터 희미하게나마 떠오르기를 바랐다.

출간 배경
이방인의 감각으로 그린 모두의 전쟁. 박우진(편집자)

"우크라이나에서 수백 마일 떨어진 곳. 그 전쟁에서 멀리 떨어진 미국에 사는 나에게 전쟁에 대해 쓸 자격이 있을까? 이 평화로운 뒷마당에서?"

러시아의 우크라이나 침공 뉴스가 들려올 때마다 일리야 카민스키는 스스로 물었다. 그가 미국에 망명한 것이 열여섯 살 때인 1993년이니 고향인 오데사를 떠난 지 30여 년이 흘렀다. 흑해에 면한 항구 도시 오데사는 옛 소련의 영토였다가 소련 붕괴 후 우크라이나에 속하게 되었고, 그 지정학적·경제적 중요성 때문에 많은 분쟁에 시달려 왔다. 러시아·우크라이나 전쟁에서도 최대 격전지 중 한 곳이었다. 어린 시절 겪은 크고 작은 전쟁이 내면에 원초적인 기억으로 남아 있으므로, 시인에게 오데사의 폭격 소식은 무엇보다 몸이 송두리째 곤두서는 일일 것이다. 설령 그 소식을 접하는 곳이 세계에서 가장 부유한 국가의 한가로운 교외 지역이라 할지라도, 참상은 겨우 손안의 휴대전화 화면에 갇혀 있다고 해도 말이다.

참사의 생존자들을 평생 짓누르는 가장 무거운 짐은 나만 살아남았다는 자책감이다. 어느덧 미국에서 산 나날이 오데사에서 살았던 기간보다 더 길어졌어도, 세월이 무색하게도, 옛 기억은 카민스키를 전쟁의 한가운데로 자꾸 데려간다. 그가 되돌아가는 곳은 그러나 당시의 오데사가 아니라 오히려 그때와 지금, 거기와 여기 사이의 이격이다. 그는 어디에도 온전히 속하지 못하는 자기 존재의 이물감에 사로잡힌다. 지구상의 어떤 국지전도 국제 정치·경제의 이해관계가 얽힌 대리전임을 알게 되었으므로 이방인의 감각은 점점 더 선명해진다. 강대국은 판돈을 대고, 산업은 무기를 팔고, 자본은 재건을 노린다. 내 주변의 번영은 어딘가의 붕괴를 딛고 있으며, 핏자국을 감춘 평화는 태연하다. 카민스키의 시는 바로 그 지점, 기이하고 으스스한 현실의 공중에서 쓰인다.

카민스키의 작품 세계가 샤갈의 그림에 비유되는 것은 그 때문이다. 미국예술문학아카데미는 그의 시들이 "중력의 법칙을 무시하고 색을 새로 부여하지만 오히려 일상의 현실을 더욱 잊을 수 없게 한다"고 평했다. 《듣지 않는 자들의 공화국》을 여닫는 두 편의 시 〈우리는 전쟁 통에도 행복하게 살았네〉와 〈평화의 시절에〉에서 그 감각은 유독 생생하다.

재앙이 군림하는 돈의 집에서 // 돈의 거리에서 돈의 도시에서 돈의 나라에서 / 우리 위대한 돈의 나라에서 우리는 (우리를 용서하소서) // 전쟁 통에도 행복하게 살았네.

이 시들은 인간으로서의 슬픔과 부끄러움을 공유하는 세계 시민들에게 공통된 심정이어서, 러시아와 우크라이나 간, 이스라엘과 팔레스타인 간 전쟁이 격화될 때마다 소셜네트워크서비스(SNS)를 통해 널리 퍼뜨려졌다.

***

전쟁이란 무엇인가.

    카민스키는 한 에세이에서 자신에게 처음으로 전쟁이 들이닥친 날을 기억한다. 어린 시절, 어느 새벽에 문 두드리는 소리가 온 집안을 깨웠다. 쾅쾅, 5분 넘게 이어진 소리 사이 사이에 섞이던 필사적인 목소리. "저 기억나세요? 지난번에 냉장고 옮기는 걸 도와드린 사람인데요. 오늘 밤 제 여동생이 일하던 병원이 폭격당했어요. 누군가의 트럭을 훔쳐 국경을 넘었대요. 전화 한 통만 할 수 있을까요?" 문을 열어야 할지 고민하던 가족들과, 결국 집에 들어온 잠옷 바지 차림 남자가 바로 전쟁의 모습이었다고 그는 떠올린다. 한밤중 남의 집에서 전화기를 붙들고 울부짖던 그의 맨살 드러난 등이.

    그리고 또 하나의 장면이 있다. 미국 망명 후 우크라이나를 방문했던 카민스키는 옛 이웃을 마주친다. 전쟁으로 인해 장애를 입은 남자는 거리에서 구걸 중이었다. 신발도 신지 않은 채 손을 내밀고 있는 그가 자신을 알아보지 않기를 바라며 서둘러 지나가려던 찰나, 카민스키는 걸음을 멈췄다. 멈출 수밖에 없었다. 남자의 빈손, "자신의 전쟁을 건네는 듯한 그 손"이 카민스키를 멈추게 했다.

    위의 장면들에서의 시인 자신처럼, 카민스키의 시에서 전쟁에 처한 인간은, 선명하지 않다. 단순히 선하거나 악하지 않고, 늘 너그럽거나 잔인하지도 않으며, 일관되게 확신하지 못하고, 신에게 묻고, 결국 돌아선다. 나서지도 숨지도 않은 채 보는watch 행위는 목격과 방관 사이에서 아슬아슬하게 줄타기한다. 그런 인간상의 파노라마 속에서 서서히 질문은 바뀌어 간다. 전쟁이란 무엇인가, 에서 전쟁은 인간에게 무슨 일을 하는가, 로. 그리고 되돌아보면, 모두 슬픈 풍경일지언정, 벌거벗었기에 진실하고 애틋하다. 시인 역시, 독자 역시, 우크라이나인 역시, 전쟁으로부터 멀리 있다는 환상에 빠진 사람들 역시 자유롭지 않은 풍경들.

    카민스키가 모른 척하고 싶었던 옛 이웃 남자는, 영영 전쟁의 얼굴로 시인을 따라다니게 되었다. 그는 단지 한 사람이 아니며, 전 세계에 편재한 온갖 전쟁에 휘말린 무수한 삶들의 현현으로서 시인에게 끈덕지게 손을 내민다.

    "그로부터 멀어지며, 이상한 익숙함이 느껴졌다. 그의 목소리는 내가 만나온 우크라이나 시인들의 목소리와 얼마나 비슷하던지. 아프가니스탄, 이라크의 사람들, 내가 낸 세금이 파괴한 그 모든 집의 주인들 목소리와 얼마나 비슷하던지."

* * *

인간이란 무엇인가? 두 번의 폭격 사이 고요.

《듣지 않는 자들의 공화국》에서 듣지/들리지 않고 말하지 않는 농聾의 상태가 전쟁 중의 인간성, 우리가 가장 마지막에 지닌 무언가의 역할을 한다는 것은 의미심장하다. '역할'이라는 표현은 비유가 아니다. 그것은 군과 폭력, 복종에의 요구에 저항하는 마을 사람들의 의지이자 태도인 '듣지 않음'이다가, 나중에는 오히려 방관하고 회피하는 '들리지 않음'이 되며 때로는 인간의 내면과 통제에서 벗어나 독자적으로 존재하는 사건으로, 인간을 이끌거나 몰아가는 상황으로 등장하며 인간성의 본질을 탐색하게 한다.

이처럼 인간의 속성이자 문화로서의 청각장애의 상태는 카민스키의 삶과 시 세계에서 하나의 요소나 조건이 아닌 원리, 어쩌면 기원이라는 점은 무척 중요하다. 카민스키는 네 살 때 유행성이하선염에 걸려 청력을 잃었고 미국으로 이주한 후에야 보청기를 사용하게 되었다. 그러므로 그에게 오데사는 소리 없는, 어쩌면 소리가 없어서 더더욱 선연한 이미지로 남아 있다. 카민스키의 시어는 그 선연함과의 대화로 빚어졌다. 그는 "소리가 사라진 후 목소리를 보게 됐다"고 회고한다. 사람들이 말로 하지 않는 것들, 몸과 몸짓, 러시아어를 쓸 때와 우크라이나어를 쓸 때 달라지는 표정 같은 것들 사이에서 그는 자랐다.

농의 상태는 또한 개인의 고립된 경험이 아니었다. 말 아닌 모든 몸의 감각을 주고받아 이루는 농문화를 통해 시인은 "언어의 부재가 우리에게 힘을 준다"는 사실을 깨쳤다. 그래서다, 말 없는 그의 시어가 허상 없이 풍성한 것은, 그곳에서 인간의 심연이 더욱 단단하고 고요하게 읽히는 것은. 청력 상실은 카민스키에게 인간과 말, 언어와 사회의 관계를 세밀히 들여다보는 특별한 재능이 되었다. 그가 아니라면, 어느 누가 정치적 행위로서의 침묵을, 본다는 것에 담긴 목격과 존재의 의의를 이토록 강렬하게 그려낼 수 있었을까.

카민스키는 나아가 그 행위들의 이중성까지도 피하지 않고 파고든다. 억압과 폭력이 길어지면서 마을에서는 듣지 않음과 들리지 않음의 경계가 모호해지고 보는 거리가 점점 멀어진다. 사람들이 하나둘 자기만의 평화에 잠기기 위해 창을 닫고 커튼을 치는 순간은 복잡하고, 비극적이며, 너무나도 인간적이다. 인간이란 이런 존재인 동시에 저렇게도 될 수 있고, 전쟁이란 인간의 이런 면을 저렇게 뒤집을 수도 있다. 우리는 슬플지언정, 증오할 수는 없다. 그것이 아마 타인의 벌거벗은 등이, 맨발과 빈손이, 오랜 악몽과 훔친 것 같은 현실이 시인에게 끈질기게 가르쳐 준 진실일 것이다.

* * *

이런 관점의 근간은 카민스키가 고향 오데사와 오랫동안 맺은 애증의 관계인지도 모른다. 그가 난민 신분으로 미국에 갈 수밖에 없었던 것이 오데사의 반유대주의 때문이었음을 기억해야 한다. 갈등이 심화할 때 표적이 되는 것은 가장 취약한 자들이다. 유대계인 그의 가족은 일찌감치 "인민의 적"으로 지목되었고, 아버지는 그 때문에 대학에 진학하지 못한 채 공장 노동자, 요리사 등등의 직업을 전전해야 했다. 카민스키의 데뷔작 《오데사에서 춤추기》에 따르면 그가 갓난아이 때 할아버지는 총에 맞았고 할머니는 고문당했다.

그러나 한편 오데사는 카민스키에게 시인으로 자라날 영양을 공급한 비옥한 토양이었다. 그는 여러 인터뷰와 에세이에서 오데사의 다양한 문화를 자신의 기원으로 언급한다. 그가 기억하는 오데사는 오랜 분쟁의 역사 속에서 저항 문학이 단단히 뿌리내린 곳, 자신이 방문한 세계 어떤 도시보다 더 작가들의 기념비가 많은 곳, 여름이면 길거리에서 함께 수박을 깨뜨려 나눠 먹는 곳, 시민들이 길게 도시를 가로질러 늘어서서는 옆 사람에게 자신이 좋아하는 책 구절을 읽어주는 행사가 열리는 곳, 가장 중요한 명절이 크리스마스가 아닌 만우절인 곳, 고단한 현실을 유머로 회복하는 지혜가 있는 곳, 기필코 자신의 삶을 살고 싶게 만든 아름답고도 인간다운 곳이다.

그러니 그는 인간에 대해 끝까지 미워하거나 절망하지 못한다. 깊은 어둠에서도 그를 살린 것은 "이야기, 작은 기쁨, 서로를 붙잡으려는 사람들, 서로에게 '괜찮아, 우리는 해낼 거야'라고 말하는 사람들, 사랑하고 위로하려는 노력들"이었으므로.

* * *

카민스키는 러시아의 우크라이나 침공이 시작된 이후 자신의 트위터에 우크라이나에 있는 친구와 가족, 시인과 작가 들로부터 받은 메시지를 전해왔고, 그것은 그에게 시를 쓰는 행위와 다르지 않았다. 예를 들면 이런 메시지들.

> 키예프의 친구가 이메일로 탄피 사진을 보내왔다. "집 앞에 군사 초소가 있는데, 걸어서 1분 거리야. 발코니에서 이걸 발견했어. 내 손안에 전쟁이 있어."
>
> "서방은 우리를 지켜보고 있어." 한 친구가 쓴다. "이 전쟁이 그들에겐 리얼리티 TV 쇼야. 우리가 계속 살아남을지, 죽을지 궁금하겠지."
>
> 다른 날, 키예프의 친구가 쓴다. "부코비나에 있어. '소피의

선택'으로 개 두 마리와 고양이 한 마리를 데리고 왔고, 나머지 세 마리 고양이는 이웃이 돌보고 있어." 견딜 수 없다고 그녀는 말한다. 결국 그녀는 단 한 마리와 개와 함께 루마니아 국경을 넘었다.

오데사에 있는 친구는 방금 가게에서 돌아왔다고 말한다. "사람들은 음식을 찾는 대로 움켜쥐고 있어. 나는 예술을 하려고 노력 중이야. 소리 내어 읽기. 나를 분산시키기 위해, 행간을 읽으려고 노력해."

도시가 폭격당하는 동안 대피소에서 바들바들 떨며 지냈던 친구가 기억나는 시를 암송하고 번역하며 그 시간을 버텼다는 이야기를 하며 그는 되묻는다. "도대체 누가 나에게 시가 중요하지 않다고 말할 수 있겠어요?"

카민스키에게 시는 마법이다, 사건이다, 듣는 자들이 보지 못하는 침묵이며 폭격당하는 도시의 땅 밑 대피소의 시간, 제2차 세계대전 때 독일이 점령한 오데사에서 유대인 아이였던 아버지를 3년이나 숨겨준 러시아 여성이자 그녀가 아이에게 가르친 춤, 비극 한가운데 작은 기쁨, 무너진 세상에 대한 멈추지 않는 사랑….

그러니 쓰지 않을 수 없다, 이 전쟁에 대해, 이 인간에 대해, 이 불길하고 평화로운 나라에서. 그 이격의 사태와 이방인의 감각은 얼마나 내밀하고도 보편적인가. 끝나지 않는 폭력과 분열의 소용돌이 속에서 희망을 찾고자 노력하는 한국 독자들에게 이 치열한 시인을 소개하게 되어 기쁘다.

듣지 않는 자들의 공화국

초판 1쇄. 2025년 8월 22일

지은이. 일리야 카민스키
옮긴이. 박종주
편집. 박우진

디자인. 스튜디오유연한
제작. 세걸음

펴낸곳. 가망서사
등록. 2021년 1월 12일 (제2021-000008호)
주소. 서울시 은평구 통일로78가길 33-10 401호
메일. gamangeditor@gmail.com
인스타그램. @gamang_narrative

ISBN 979-11-990481-1-9 (03840)

이어주는, 데려가는, 건너가는 이야기들

열띤 흥분과 갈수록 깊어지는 경탄 속에서 읽었다. 한 장 한 장마다 분노가, 절박함과 힘이, 또한 그에 필적하는 대단한 아름다움이 서려 있다. 일리야 카민스키의 문장은 너무나 생생해서 전류가 흐르는 듯 찌릿찌릿할 정도다. 시라는 전깃줄에 손을 대고 있는 느낌이다.
　― 가스 그린웰(소설가)

너무나 낭만적이면서, 너무나 고통스럽다. 근사하고 가뿐하게 건드리는 시어에서 엄청난 무게가 느껴진다. 이 시대를 앞뒤로 넘나들면서도 직면하고, 아름답게 초월해 내는 발화의 방식은 진정 위대한 문학의 속성이다. 세상이 변해도 나는 이 책을 거듭 읽을 것이며, 다음 세대도 그럴 것이다.
　― 맥스 포터(소설가)

개인적이면서도 개인들을 넘어서는 역사를 빚어낸 심오한 상상력, 포용적이고 비판적인 지성, 그리고 눈부신 열정 간 조화의 증거. 모든 시민들에게 꿈 같은 책이다.
　― 리영리(시인)